LUNA JAVIERRE

ELEG(IRME)

mr

Diseño de interior: María Pitironte

Ediciones Martínez Roca, sello editorial de Editorial Planeta, S. A.
Avda. Diagonal, 662-664, 08034 Barcelona
www.mrediciones.es
www.planetadelibros.com

Primera edición: abril de 2025
ISBN: 978-84-270-5346-5
Depósito legal: B. 4.920-2025
Preimpresión: Safekat, S. L.
Impresión: Huertas, S. A.

A mí, por elegirme.

ÍNDICE

INTRODUCCIÓN

Hola :)

No sé cómo has llegado aquí, pero supongo que, de una forma u otra, tú también te estás eligiendo al leer este libro.

He tardado exactamente un año en escribirlo. En él hay un pedacito de cada persona que me ha acompañado en el proceso y también recuerdos de las que ya no forman parte de mi vida, pero me inspiran porque significaron algo para mí.

Siempre me ha encantado la frase que dice «Si enamoras a un poeta, serás inmortal». Y aunque en mi caso no han sido enamoramientos, mucha gente ha venido para enseñarme lecciones que me han servido para entender otras muchas cosas de la vida que aún no conocía. Cada letra tiene un significado importante para mí, y tú tienes el poder de darle el tuyo propio.

Este libro habla de un proceso de dejar ir. Empieza con una *despedida*, que a veces es dolorosa, otras, necesaria y otras, ni se pronuncia. Sigue con la *nostalgia*, concepto que me encanta porque significa estar triste por haber vivido momentos felices, y creo que te permite llegar a muchas conclusiones. Y termina con la *reconstrucción*, donde por fin entiendes esa despedida, agradeces la nostalgia y decides que es momento de elegir irte, de elegirte.

Todo, siempre, pasa por algo. Y si ahora no lo entiendes, en un tiempo lo harás. Te lo prometo.

Gracias por haber llegado hasta aquí y por quedarte. Lee este libro tantas veces como lo necesites, en momentos de tu vida distintos. Vas a darte cuenta de tu propia evolución. Al fin y al cabo, nunca dejamos de despedirnos…

DESPEDIDA

Hay adioses que se dicen con un nudo en la garganta, sin querer salir, sin querer despedirte, pero sabiendo que es lo mejor para ambas partes. Otros que la vida te obliga a soltar de repente, sin esperarlo, sin haber podido hacerlo con más tiempo. También están los que, al decirlos, te traen una bocanada de aire que no sabías que te faltaba. Y los que nunca llegan, ni se pronuncian; no te dejan irte, pero tampoco quedarte.

Despedirse es algo para lo que nadie está preparado. Y aunque a veces sea necesario, siempre duele. Siempre cuesta. Siempre intentas alargar ese adiós un poquito más…

¿Cuántas despedidas necesito
para decirte adiós?

Yo también me rompí

Después de ese adiós
lo único que retumbaba en mi pecho
era el eco
de los pedazos de tu corazón rompiéndose.

Y me corté,
y sangré,
y me tumbé encima
sin miedo al dolor
para amortiguar tu caída.

Porque te puse a ti la tirita
sin pararme a mirar mis heridas.

Y no es justo.

Porque yo también sentí mi corazón romperse,
yo también tuve que aprender a vivir sin ti,
yo también sufrí en silencio
yo también me perdí,
yo también escuché tu adiós.

Tardé en entender que los dos nos fuimos,
pero cada uno
en momentos distintos.

Sigues, te sigo, me pierdo

Lo que parecía un juego
acabó siendo
un laberinto sin salida.

Yo corro tras de ti
mientras me miras
y me dices que todo está bien.

Pero sigues huyendo
y yo sigo corriendo,
y tú sigues,
y yo te sigo,
y me pierdo,
y prefiero encontrarte a ti.

Sé cuál es la salida
pero sé que es sin ti
y no sé si prefiero tomarla
o quedarme ahí contigo para siempre.

¿Cómo voy a saber de despedidas?
Si tú y yo
no nos dejamos irnos,
pero tampoco   volver.

Si no busqué esto, ¿por qué me encuentra?

Te vas
y vuelves con fuerza.

Insistes,
a pesar de mi despiste
al contestar.

Persistes,
aunque hace un rato
te contradije.

Te miro mejor
y me gustas más.

Me dejo llevar
porque se te da muy bien
hacer que te siga.

Escucho a mis pensamientos
de nuevo
contradecirse
e intento entender lo que dicen.

Si no busqué esto,
¿por qué me encuentra?
¿y por qué tiene ganas de quedarse?

¿Hoy llegarás?

Llegas tarde
y yo te espero
con la incertidumbre
de si será hoy
cuando dejes de llegar tarde
para directamente
no llegar.

Tu nana

Me querías tan bonito
y con tanta calma
que dormiste mi corazón con tu nana.

Por mucho que traté de despertarlo
no conseguía sacarle de ese sueño
que le llevaba a fluir
sin miedo a equivocarse.

Y cuando le di a elegir
entre la estabilidad
o la intensidad
comenzó a latir tan deprisa...
que supe que era la hora de irse.

Sí,
me acuerdo.

Me acuerdo de todo.

De ti,
        todo.

Desmoldarme

Sabía dónde me metía
y, aun así,
llamé a la puerta.

Abriste,
me miraste,
sonreíste
y me volviste a avisar.

Yo,
en mi búsqueda insaciable de dopamina
—y de ti—,
acepté el reto.

Mi mala manía
de querer demostrarme siempre
que soy capaz de conseguir
lo que nadie ha conseguido antes.

Aun existiendo el riesgo de perderme
hasta encontrar(te).

Hilar las señales,
analizar gestos,
caminar tras tus huellas,
amoldarme a ti,
para que te sientas cómodo en mi molde
y hacer como si
llevase teniendo esa forma toda la vida.

Hasta que pierda la mía
y cuando te vayas
no consiga reconstruirme.

Y me pregunte otra vez
si mereció la pena.

Para volver a contestarme
que siempre lo hará.

Por dejarte pasar

Me hiciste creer
cosas
que me prometí
no volver a escuchar.

Dejé que pasasen
de mis oídos
a un poco más abajo,
a la izquierda,
donde late.

Haciéndose hueco,
poniéndose nombre.

Ilusiones.

Dejé de escuchar mi voz
por pasarme el día
intentando memorizar
la tuya.

Aparté mis sueños
por soñar contigo.

Justifiqué
lo que juré no volver a pasar por alto.

Pero es que
subiste tan arriba
que cuando quise darme cuenta
ya era incapaz de bajarte.

Porque de tanto correr
tras de ti
me había quedado sin fuerzas.

No las tenía para quedarme,
pero mucho menos
para irme.
Y me tumbé en el suelo
y te lloré, sin que me oyeras.

Porque tú,
que me habías hecho sentir tan grande,
conseguiste que otra vez
me sintiera diminuta.

Y fue culpa mía
por dejarte pasar,
sabiendo
el desastre
que traerías.

Tus flores

De que nunca te quise
ni me importó que me quisieras
me di cuenta
cuando solo conseguí
ver las flores que me regalaste
cuando ya se habían marchitado.

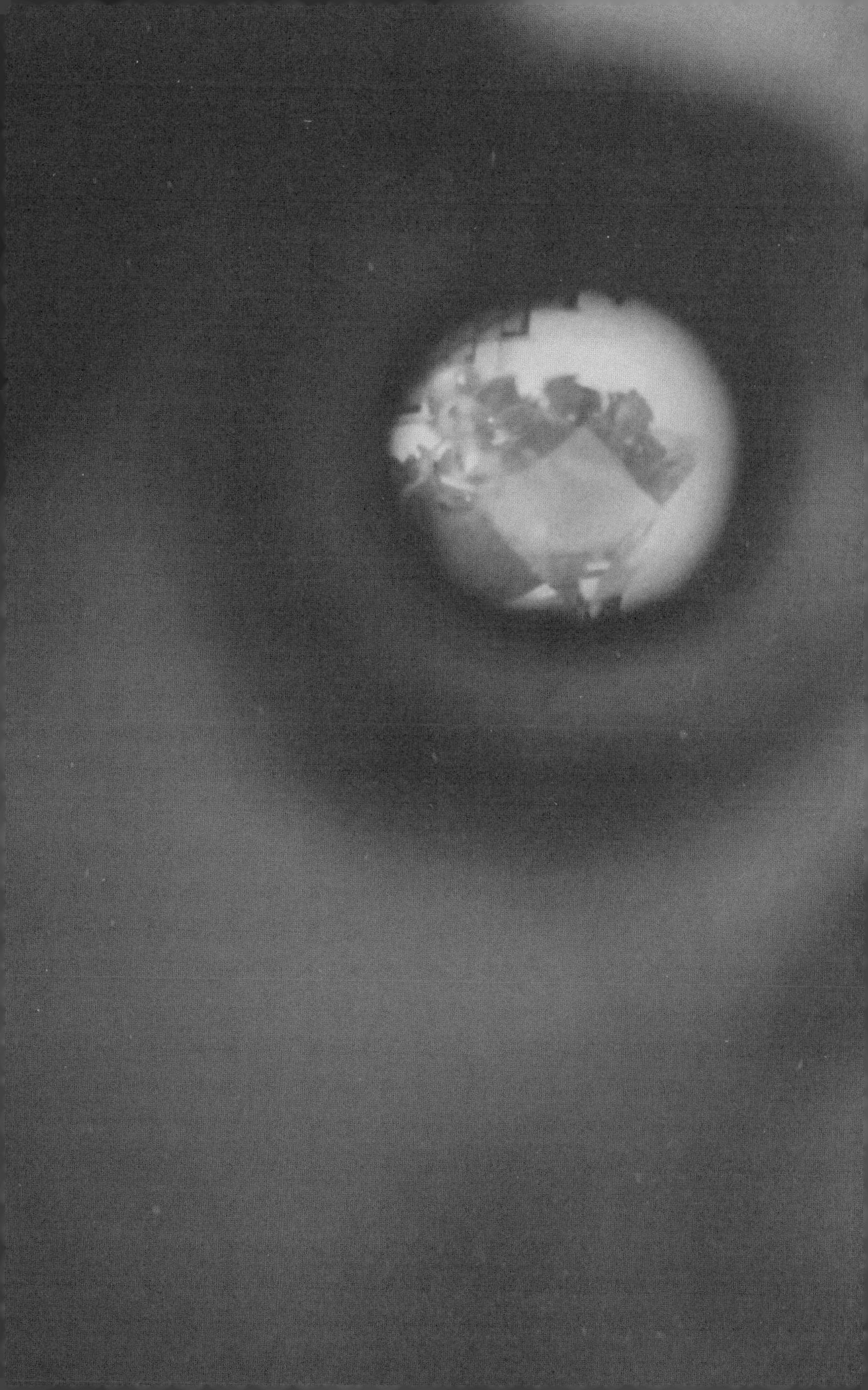

Te vas para que yo me quede

Duermes
y tienes pesadillas.

Mi niña herida
quiere abrazarte,
pero despiertas
y la abrazas tú a ella
con fuerza.

Yo ya no sé
si quiero huir de esos brazos
que apenas conozco
pero me hacen sentir tan bien
o quedarme un ratito más.

Yo no sé nada
y se me olvida todo
cuando, aunque lo niegues,
siento que pretendes quedarte ahí
por mucho tiempo.

No te lo digo
pero lo sé perfectamente.

Te vas,
te miro antes de hacerlo
y te veo mejor.

Debes notarlo
y debías esperarlo
porque escucho el vacío
que dejas a propósito al irte
con tu ausencia de palabras.

Sabías que así
te quedarías para siempre
y aprovechaste la oportunidad
para que no me fuera yo.

¿Por qué sigues aquí?

Tú,
que me prometiste tantas cosas
que quedaron
en palabras vacías.

Como mis manos
después de que te fueras,
llevándote todas las historias
que imaginé contigo.

Idealizarte
fue solo culpa mía.

Pero podrías haber avisado
de que tu tiempo
era limitado.

De que no,
no estabas preparado.

O sí,
pero no conmigo.

Que te reconfortaban mis brazos,
pero
anhelabas otros.

Que sé que quisiste que fuera,
pero
no pudo ser.

Lo que no entiendo
es por qué sigues aquí
si sabes de sobra
que no piensas quedarte.

Por si ya no puedo volver

En las despedidas siempre abrazo fuerte.
Me quedo ahí un rato.
Por si ya no puedo volver.

No sé si sientes lo mismo,
pero como no me lo digas pronto
dejaré de sentirlo yo…

Hacer, decir, sentir

Las señales contradictorias
hacen que me vuelva
cada vez más loca.

Contigo y sin ti.

Recorro despacio
y repetidamente
todo lo vivido,
lo dicho,
lo sentido.

Pero, sobre todo,
lo que no hice,
no dije,
pero sí sentí.

Igual se llama miedo a perderte

Tengo miedo
de hacerlo y que te vayas.

Y de que te vayas
por no hacerlo.

Margaritas

Cómo voy a despedirme
si cada vez que oyes las llaves
me dejas un ramo de flores
sobre el felpudo
para que al salir
quiera volver a entrar.

Distintos ojos

Vi de cerca
a quien ahora
te mira a ti
todavía más de cerca.

Cruzamos miradas
y lo supe.

Supe que esos ojos te gustaban,
que los habías besado,
pensado,
recordado.

Y sonreí.

Porque no se parecían en nada
a los míos.

Ni mejores, ni peores;
distintos.

Y sentí alivio al saber
que era el momento
de dejar de buscar los tuyos.

Es mejor soltar a tiempo
que romper la cuerda.

Paradoja

No me gusta cómo me siento
después de sentirme tan bien
por haber estado contigo.

No he sido consciente
de que te has ido
hasta que he sentido
que no piensas volver.

¿Por qué lo hiciste así?

Llegaste
y escribiste encima
de mis esquemas.

Intenté borrarlo,
pero volviste,
me cogiste la mano
y pintaste
guiándola por mis planos.

Haciéndome creer
que la que cambiaba era yo
y que tenía el control.

Como si no estuviese temblando.

Te hiciste un hueco
donde antes no cabía nadie más
y cuando por fin
te puse en el centro,
soltaste mi mano,
mis planos,
                    a mí.

Vaciaste aún más
lo que pensaba que estaba lleno
y donde en realidad
                    solo había vacío.

Volví a quedarme sola
sin saber cómo rellenarlo
y sin entender por qué,
al final,
no quisiste hacerlo tú.

¿Bailamos o nos despedimos?

Quiero enseñarte una canción que te hice,
pero tú no me dejas,
                                        no te dejas,
                                        no nos dejas.

No sabes lo que me gustaría
poder susurrarte al oído
cada letra
dedicada a cada parte de ti.

Para que entiendas
que siempre estuve,
aunque te impidieras verme.

Aunque tú
no sepas valorar
lo bonito del destino.

La canción que suena ahora
me recuerda a ti
y esta es la última vez que te pregunto…
                                                    ¿bailamos?

No podía escribir(te)

Pensaba que no tenía inspiración
y es que no te tenía a ti,
amor…

No he vuelto a escribir poesía
a nadie más
desde que te fuiste.

En bucle, en mute

Aborreces esa canción
que era tan especial para ti
de tanto escucharla.

Me pregunto
si yo también
debería dejar de sonar
a tu alrededor.

Para que antes
de cansarte de mí
eches de menos mi voz
y lo que llega a hacerte sentir.

Odio no poder odiarte

Te odio
por no poder odiarte
y que solo me salga buscarte
cuando no haces más que huir.

Te odio
por querer huir
de un lugar
al que solo
te dejo entrar a ti.

Te odio
porque sé que no es odio,
es rabia,
por tener que obligarme
a olvidar algo
que no puedo dejar de imaginarme.

A ti
queriendo quedarte por fin
aquí.

¿Volveremos a vernos?

Prometo vivirlo
y sentirte
como si fuera la última vez.

Ya sé lo que se siente
al quererte tener
y tener que entender
              que no puede ser.

Perderle el miedo a perder

Vienes
con tus manos inocentes
y tu mirada transparente.

Acaricias mi herida
sin ver la cicatriz.

Ni siquiera sabrías
que la hiciste tú.

O me la hice yo
al querer que te quedaras
sabiendo que en realidad
nunca estuviste conmigo.

Y al irte de nuevo
la herida se abre
y empiezo a sangrar
todo lo que no te he dicho
                    antes de irte.

Dime que vas a volver,
prometo esta vez
no tenerle miedo a perder.

Sin habitarte

Me enseñaste una mínima parte de ti
y a mí, que me cuesta despertar mi interés,
quise verlo todo.

Pero al llamar a la puerta
me abrió una silueta que no era la tuya.

Ya vivía alguien en tu corazón
y yo llevaba las maletas cargadas de ilusiones.

Las solté de golpe,
desparramándolo todo por el suelo.

Y se quedaron ahí
sin habitarte jamás.

Desde ese día,
aún sigo buscándolas.

No me he atrevido a ir a recogerlas
y supongo que tú
tampoco te diste cuenta
de que se quedaron allí
contigo.

¿Podrías devolvérmelas?

Más menos

Las señales
me acercan a ti,
pero tú
cada vez
más lejos,
más menos,
menos mío.

Deshacer el nudo

Pero es que sé
a ciencia cierta
que, cuando consiga desatarme de ti,
va a ser la vida
la que ponga a prueba
si deshice el nudo con desgana
o con ganas
de volver a cruzarme contigo.

Tu forma de llegar
y tu forma de irte,

las dos me enseñaron mucho de ti.

No sentíamos lo mismo

Pensaba
que era de otra forma,
que me mirabas con otros ojos
y veías los mismos colores
que veía yo.

Que sentías la conexión
y te frenaba
el miedo al descontrol.

Pero no, amor.

Para mí tú eras arcoíris
y para ti yo escala de grises.

Tú eras melodía
y yo canción aleatoria.

Tú eras poesía
y yo un vago recuerdo.

Yo quería conocer más de ti
y tú
seguir conociendo
a pesar de mí.

Yo te hubiese esperado
aun sabiendo
que ya te habías marchado.

Si nos hubiésemos atrevido a arriesgarnos

Mientras los dos esperamos
a que sea el momento perfecto
hay mil posibilidades
de que nunca vaya a serlo.

De que esta duda
nunca se resuelva
y que se quede la astilla
entre la piel y el sentir
sin que ninguno de los dos
se atreva a presionar.

Por si molesta,
por si duele,
por si no consigue aliviar.

Pero la astilla se enquista
y duele cada vez que la rozan.

Cada vez que suena esa canción
que nos recuerda
lo que podría haber llegado a ser
si nos hubiésemos atrevido
a arriesgarnos.

Quien se enamora, pierde

La lucha eterna
entre razón y corazón
que discuten
por saber qué hacer
ante, otra vez,
la misma situación.

Y al final
siempre gana
quien sale
de la habitación.

Quien se enamora
pierde…,
co(n)razón

Aún no sé cuándo, pero sé que algún día

Algún día
te explicaré
por qué me quedaba con detalles
que ni tú mismo
sabías sobre ti.

Por qué quise sorprenderte
aun sabiendo
que seguirías con la venda en los ojos
después de gritar «sorpresa».

Por qué me aprendí tus letras de memoria
aun sin que tú supieras
que no podía dejar de releerte.

Por qué intentaba llamar tu atención
aun sabiendo
que no es que miraras hacia otro lado,
sino que me tenías enfrente
y no me querías ver.

Por qué lo intenté con todas mis fuerzas
hasta que me quedé sin ellas,
sin ti
y sin haberme quitado la duda
de cómo hubiese sido todo
si me hubieses dejado demostrarte
que, aunque fuese por un ratito,
tu sitio
estaba aquí.

Dejé de contestarte
otra vez
porque me acordé
de por qué había dejado de hacerlo.

Ya me sé la historia

Y volverás
con tu mensaje recurrente
de cada vez que desapareces
sin darme explicaciones.

Y me las darás
acompañadas de excusas y perdones
que ya me suenan a lo mismo
después de tantas conversaciones.

Intentarás que vuelva a creer
que el problema no es conmigo,
sino contigo,
para que la llama
que ya empezaba a soltar humo
se reavive con esperanza
y volvamos a ser uno.

Y, ¿sabes qué es lo peor?
Que mi corazón volverá a acelerarse
al recibir ese mensaje con la misma frase.

Que volveré a creerme tus excusas
y a perdonar tus perdones,
a decirte que te entiendo
y a preguntarme otra vez qué pretendo
si tú te estás riendo
y yo
           cayendo.

Que no te preocupes,
que todo está bien.

Excepto yo,
que no lo estuve cuando te fuiste
y que, aunque en lo efímero de este momento
sienta que has vuelto,
ya me sé la historia,
y el final contigo
no es feliz,
de hecho, ni siquiera es final,
porque siempre abre la misma cicatriz.

Si tú quisieras saber,
si yo quisiera contarte.
Si quisiéramos querer(nos).

Me dio miedo

Cuando te tuve delante
y viví el momento
que tantas veces había imaginado,
me quedé sin saber qué decir
ni qué hacer
por miedo
a mirarte a los ojos
y ver que sí
que te fuiste hace tiempo.

Verme a mí
todavía
estancada en ti,
sentir lo que llevo sin poder sentir
desde que lo sentí contigo,
y darme cuenta
de que solo lo siento
yo.

Tardas tanto en aparecer
que se me olvidan las razones
por las que te pedí que volvieras.

«Qué sentido tiene el amor, amor…»

Decidí
no tensar más la cuerda
cuando me di cuenta
de que solo la estaba sosteniendo yo.

De que para ti
dejar a la vida decidir
era más que suficiente.

Tu presencia intermitente
se me olvidaba
cuando me hacías sentir diferente.

Pero qué sentido tiene el amor,
amor,
si no se entrega mutuamente.

Fui yo. Y así fue.

Fui yo
quien dejó de contestar.

Fui yo
quien tomó distancia

Fui yo
quien se aguantó las ganas
de decirte que te echaba de menos.

Porque también fui yo
la que se dio cuenta
de que a ti
ni te iba a importar que no lo hiciera,
ni te iba a costar dejar de hacerlo.

Cuando llegué, supe que sabías que vendría

Probé a ir hasta tu puerta
después de un tiempo
esperando fuera
sin hacer ruido.

Debatiéndome entre si irme
y no decirte nunca
que estuve ahí,
o si timbrar
y esperar a tu reacción al verme
para saber
si tú también estabas esperando
a que llamase al otro lado.

Yo llamé
con los nudillos temblando
y tú abriste
con la sonrisa más serena
que jamás te había visto en la cara.

Entonces entendí
que sabías que iba a llamar
en cualquier momento.

Pero que nunca esperaste al otro lado.

Ni con ilusión,
ni con esperanza,
ni con ganas de reencontrarnos.

Que lo que yo creía bajo control
en realidad
estaba muy por encima de mí
sin que me diera cuenta.

Yo,
que siempre he sido de decir las cosas
tal y como las siento,
supe que lo mejor sería
irme sin pronunciar ni una sola palabra.

Lo único que se escuchó
fueron mis pasos firmes
alejándose de tu indiferencia
y mis ganas de gritarte lo que sentía
saliendo por todos los huecos de mi cuerpo.

Tuve que darme con tu puerta en la cara
para, por fin,
cerrarte la mía.

No fue mi culpa

Fuiste rompiendo
poco a poco
la cuerda que nos unía.

Estirabas,
estirabas,
estirabas
y yo sostenía con fuerza,
con la esperanza de que
algún día
dejaría de pesar tanto.

Que las amistades
son así,
unas veces tiras
y otras sujetas,
¿no?

Pero tú pretendías
que yo siguiese sosteniendo
lo insostenible
mientras me culpabas
por no tener ya más fuerza.

Por olvidarme de la cuerda,
pero mil veces más
de mí.

Y mientras yo
me miraba las manos,
sangrando,
y las tuyas no tenían
ni un solo rasguño.

Me culpabas de tu dolor
y yo me abría heridas
por querer curar cicatrices tuyas
que yo no había hecho.

Hasta que terminé soltando
y nos caímos las dos al suelo.
Me quisiste hacer sentir culpable
por haberme dejado ayudar para levantarme,
cuando tú
alardeabas de haberlo hecho sola
mientras tantas manos sujetaban las tuyas.

No fue mi culpa,
porque lo di todo
para que saliese bien.

Y si fallé,
fue porque tú ya habías soltado la cuerda
y no pude soportar más
el peso de tus palabras.

Yo te he dejado irte tantas veces
y tú solo me has dejado volver una.

Me da miedo pisarte los pies al bailar

Bailan
a otro ritmo
distinto,
mejor,
diferente.

Y a ti te imagino
dándoles tu atención
teniéndome a mí enfrente.

Y se me quitan las ganas de bailar
y de que vengas
y de que me pidas salir
a la pista
en la próxima canción.

Por si te piso los pies
y decides
que no valía la pena,
          que tú tenías razón.

Me despido para poder volver

No quiero decirte adiós,
amor,
pero es que me da tanto miedo
que te vayas sin despedirte
que necesito hacerlo yo
para poder
          volver.

¿Tú también lo sientes?

Siento, siento, siento
muchas cosas
que salen de aquí,
de dentro.

Pero ¿y tú?,
¿las sientes
o te es indiferente?

Me encantaría poder contártelas
sin tener que perderte.

En ese abrazo
todavía respiro
cuando me falta aire
para seguir sin ti.

¿Adónde vas?
Si todavía nos queda mucho por contarnos.

Ve(n)te

Siempre pendiente
de mantener
tu atención
latente
mientras yo
me consumo.

Soy el humo
que sale
de tus labios
al decirme
ve(n)te.

Somos distintos idiomas

Cuando por fin entendí
que tú solo escuchabas la base
y yo traducía la letra,
dejé de dedicarte canciones.

Siento si di mucho
y para ti era demasiado,
pero soy mucho
y doy lo que soy,

quizás no supiste qué hacer con tanto.

Lo entendí

Y me despedí de ti
sin saber que me estaba despidiendo.

Y te despediste de mí
sabiendo que podría ser la última vez
que nos viéramos.

Hicimos lo mismo.
Y lo entendí.

NOSTALGIA

Es el sentimiento de tristeza por haber vivido algo feliz. Qué curioso, ¿no? Recuerdos, recuerdos y más recuerdos. Estar agradecido por haber tenido la oportunidad de vivirlos y ahora extrañarlos, más que porque hayan terminado. Poder tener nostalgia es un privilegio, imagínate no tener nada a lo que acudir cada vez que tu realidad se vuelve monotonía. Imagina no poder revivir cosas que te hagan sentirlo todo con la intensidad de esas veces. Poner esa canción que te lleve a ese momento, sentir cómo se te eriza la piel. El pellizco en el corazón al ser consciente de lo bonita que es la vida, aunque sea después de vivirla.

Nostalgia, ojalá siempre me habites…

Antes paseaba por estas calles fantaseando con la vida que podría vivir,
ahora echando de menos la que tenía.

Arma de doble filo

No busco promesas
ni flores
ni etiquetas.

No busco ser la única
ni la mejor
ni música
ni siquiera canción.

Solo quiero cobijo cuando me siento sola
entre el silencio de mi habitación.
Caricias mientras escucho
el ritmo de tu respiración.

Solo quiero compartir momentos.
Primeras veces.
Sentir sin presión.

Pero supongo que tú no.
Y sabía antes de que me la dieras
que sería la primera
y última ocasión.

Aun así fui para allá sin pensarlo.
Porque sentía que merecía la pena
vivirlo más que imaginarlo.

Y ahora,
no solo lo imagino,
también se lo pido de vuelta
a ti no, al destino.

¿Cuántos momentos necesito
para olvidarme de un instante?

Querer lo que nunca quise

Me diste tus llaves
y las perdí.

Me dijiste tu clave
y la olvidé.

Me ofreciste tu mano
y la solté antes de tiempo.

Y cuando la busqué
y no estaba
fue cuando quise recuperarlo
todo de golpe.

Cuando vi que ya no tenía
lo que nunca había querido
pero una vez fue mío
y se cansó de esperar.

Yo lo sabía
y, aun así,
quise equivocarme.

¿Cuándo?

Llegará el día
en que se me haya olvidado
que te espero
y vuelvas
a recordarme
por qué
llevaba tanto tiempo
            esperándote.

Igual sí que te importo

Dices que no,
que no te interesa,
pero te acuerdas
del detalle
que te conté aquel día
sin ni siquiera
darme cuenta
de que me estabas prestando atención.

¿Cuándo nos vemos?

¿Cuándo nos veo
de nuevo juntos
para retener otro recuerdo
de los que no se olvidan?

No me ves desde el pedestal

Yo te subí ahí
y ni siquiera eres capaz
de mirar hacia abajo
para verme pidiendo paz.

Sigo gritando
y tú en tu sintonía,
donde parece que no escuchas nada
más que tu falsa agonía.

Y cuando me estoy quedando sin voz
y ni susurrar puedo,
vienes a pedirme perdón
por no escucharme.

Te metes bajo mi edredón
a preguntarme
que cómo está mi corazón.

Y yo,
afónica,
soy incapaz de explicarte
lo mucho que odio pensarte
y lo mucho que deseo tenerte
aunque sea ese ratito
antes de volver a perderte.

Pero subes la música otra vez
y a mí se me saltan las lágrimas,
que no ves,
porque has vuelto a subir al pedestal que te hice
empapado de desinterés.

Estoy tan cansada
de sujetarlo con mis brazos...
Si lo hago
me hará más daño
porque caerá sobre mí
cada peldaño...

Me encantaría poderte olvidar,
pero cada vez que empiezo,
de repente,
        te extraño.

Yo quito, tú das. Yo menos, tú más.

Me da rabia
tener que quitarte mi atención
para poder conseguir la tuya.

Reprimir mis ganas
de gritarte lo que siento
para evitar
que te vayas corriendo.

No poder contarte
que aparecías en mi sueño
por si deja de apetecerte
abrazarme mientras duermo.

Tener que esconder los poemas
que llevan tu nombre
por si decides arrancar las páginas
y arrugarlas
sin leerlas.

Sin leer
todo lo que tengo
por decirte.

Pero
tengo que callármelo
para que me vengas a preguntar
que por qué ya no digo nada
si antes no dejaba de hablar.

Que si ya no me gustas,
que ahora te empiezo a gustar.

Que cuándo nos vemos,
que no estaría mal
        volver a empezar.

Que soñaste conmigo,
pero no me lo puedes contar.

Que me escribiste una canción
que ahora
        no puedes dejar de escuchar.

Antes escuchaba canciones tristes,
ahora suenan a París.

Pero es que lo siento así

Ya no eres el que eras,
pero sigo aquí,
porque una parte de mí
aún piensa
que vas a volver.

Estoy esperando que regrese
un recuerdo marchito
mientras renuncio
a crear otros nuevos
por ti,
por quien eras,
        que ya no eres
        y no sé si volverás a ser.

No sabes lo que me está costando
convencerme
de que esto
no es amor.

Volar con escalas

Espero algo
que sé
que si llega
se irá casi antes
de haberlo podido disfrutar.

Ocupas mis pensamientos.
Apartas
y callas
a los que me dicen
que no merece la pena.

Mientras se contradicen
haciéndolo otra vez
reviviendo cada escena.

Que tú vas por libre
y en el camino,
algún ratito,
pasa lo que siempre imagino.

Y yo,
siendo tan libre como tú,
cierro mis alas
hasta que en alguna de tus escalas
podamos volver a volar
con las mismas ganas.

Sé que es mentira,
pero suena tan bonito de tu boca
que no quiero dejar de escucharlo.

Vivirnos a la aventura

Niña caprichosa,
quiero algo y lo tengo.

Abanderada de la frase:
«Lo que me propongo, lo sigo y lo obtengo».

Llegas tú
y, al verte,
sé que no puedes ser mi reto
sin tentar demasiado a la suerte.

Que sería una apuesta segura
a una eterna tortura.

y cuando se trata de perder,
contigo pierdo la cordura,
pero nunca las ganas
de llegar a entender
por qué estoy tan segura
de que, si la vida nos ha puesto aquí,
deberíamos vivir la aventura.

Sé que no puede ser,
pero me gustaría tanto que fuera…

Tiempos

Hace tiempo
que quiero
controlar el tiempo
que nos queda.

Como si nos quedara algo,
como si, aunque yo pudiese elegir,
tú me eligieras a mí.

Como si
quisieras compartir ese tiempo
conmigo.

Quizás debería
utilizar ese tiempo
para olvidarme de ti.

‘*Presentimiento*’
Lo que tu corazón te avisa que vas a sentir
si tomas esa decisión.

Lo que hagas ya depende de ti.

En cuanto vi
que todo era tan bonito
tuve que saber
que no iba a perdurar.

Por si termina la canción

El deseo irrefrenable
de querer volver a verte
me está empezando a hacer rozadura.

De esas que escuecen
y no te curas
porque vuelves a ponerte los zapatos
que sabes que te destrozarán,
                                        otra vez,
                                        con ternura.

Pero son tan bonitos
que merece la pena
bailar ese baile
mientras me coges de la cintura,

por si es el último,

por si se acaba la música,

por si quieres dejar de bailar conmigo
y te fijas
en otros de los muchos ojos
que te están pidiendo abrigo.

Por si terminas dándote cuenta
de que voy descompasada
y solo me dejo llevar
por el ritmo de tu mirada.

Estoy tan cansada
de no saber cuál será
tu próxima parada.

De que no me dejes elegir canción
ni dejarme llevar por la emoción
que me hace sentir tan elevada.

De desear con todas mis fuerzas
irme contigo a dormir
cuando las luces de la sala se apagan
y que vuelvas a recordarme
que la situación es complicada.

Y vuelvo a verme aquí sentada
esperando tu llamada
sabiendo que al final
otra vez
            nada.

Estás en mis letras

Aunque tú no lo sepas
me acuerdo de ti todos los días.

Te he escrito letras
que sé que nunca leerás,
ni sabrás que son mías,

para poder releerlas
y, de alguna forma,
sentirte aquí.

Insaciable inconformismo

Estás aquí
y yo
todavía no he llegado.

Me giro
y te pillo mirándome,
mientras yo
aparto la mirada
y busco otros ojos
que no me buscan a mí.

Me escribes
y yo
me limito a contestar:

«Lo siento,
amor,
no es culpa tuya».

Es mi insaciable inconformismo,
mi tremenda habilidad
para que nada me parezca suficiente.

Cuando tu espera exceda
y decidas salir por la puerta
será cuando vaya corriendo
a evitar que des un portazo.

La dejaré entreabierta
y por la rendija
te susurraré todo aquello
que tus oídos llevaban tanto tiempo
queriendo escuchar de mi boca.

Y te mantendré ahí,
hasta que sea mi mano
la que abra la puerta
y yo decida
que te puedes quedar.

Por favor,
solo te pido que entres…

Si no lo haces,
no te podré olvidar.

Solo lo haré yo, y ya lo sé

Te miro
y sé
que solo eres real
porque puedo tocarte.

Pero no estás aquí en realidad.

No estás conmigo.
No vas a quedarte.
No me escribirás mañana.
No me dirás qué te gusta de mí.
No me contarás tu día.
No me mandarás indirectas.
No reaccionarás a las mías.

No pensarás en mí
como yo pensaré en ti.
No planearás encontrarte conmigo
cuando sepas que voy a algún sitio.
No le hablarás de mí a tus amigos.
No te acordarás de mí al escuchar alguna canción.
No tendrás curiosidad por saber más de mí.
No te plantearás cómo es estar conmigo.
No vendré a tu cabeza cuando mires la luna.
No te serviré de inspiración para crear.

Porque todo eso
solo lo haré yo.

Y no sabes lo que me está costando
recordármelo constantemente
mientras me acaricias
y me pides que me quede a dormir.

Porque sabes
que me quedaría todo el tiempo del mundo
sin tenérmelo que pedir.

Siempre te pienso cuando vuelo

Cuando encienda mi móvil
al aterrizar,
no tendré tu mensaje.

Y lo echaré de menos,
aunque nunca lo haya tenido

Porque así ha sido siempre contigo:
enamorada de la historia
que podría ser,
pero nunca será de ti conmigo.

El día en el que, esperándote, casi te olvido

Qué jodido es
querer algo con tanta fuerza
y que no puedas hacer nada
para tenerlo.

Retroceder en el tiempo,
valorarlo en su momento,
mejorar el argumento.

Cambiar la decisión
que te hizo borrar tu nombre
como protagonista
de este cuento
que ahora
solo escribo yo,
imaginando la historia
que hubiera sido
si hubiésemos querido.

Aguardando
a que vuelvas
el día
en el que esperándote
casi te olvido.

Dime cómo termina

Nunca me han gustado
los finales abiertos.

Y menos después
de haber idealizado tanto
esta historia.

Qué iluso es el amor

Es curioso
cómo cada vez
que vuelvo a sentir el vacío
te vuelvo a pensar.

Intento llenar
el hueco
que nunca quisiste ocupar.

Siempre estás a punto
justo antes
de volver a abandonar.

Qué ilusa
pensando que por pensarte
me vendrás a buscar.

Busco señales
donde no existen
por si alguna se me ha podido pasar.

Te revivo
en letras de canciones
que siempre hablarán de ti
y a nadie más podré dedicar.

Cuando suenan, pienso:
«¿Las estaremos escuchando a la par?».

Ojalá
el día que decidas rectificar
no sea demasiado tarde
y tenga que recordarte
por qué te tuve que olvidar.

¿Moriremos sin vivirnos?

Me encantaría ser
el primer contacto
al que marcaras
cuando no puedes dormirte.

Que te acordaras de mí
cuando suene una canción
que hable de echar de menos.

Que al escuchar la palabra amor
te preguntaras
cómo hubiera sido el nuestro
si no hubiésemos tenido miedo.

Pero lo tuvimos.
No sé si tú a hacerlo mal
o yo a que no supieras hacerlo bien.

Dejamos a la vida decidir
y ahora
solo nos queda esperar
sin querernos despedir.

¿Viviremos esperando?
¿Moriremos sin vivirnos?

La canción éramos nosotros

Esa noche cuando
bailamos tanto
que se nos olvidó
por qué habíamos dejado de hacerlo.

Esa noche cuando
me besaste con los ojos
antes que con la boca.

Ese momento cuando
me contaste
todo lo que me habías echado de menos
sin necesidad de decir nada.

No recuerdo la canción,
                        ojalá lo hiciera.

Jugar sin miedo a perder

Han pasado tantas cosas
desde que decidiste irte de aquí.

He querido mandarte canciones,
recomendarte películas,
pasarte fotos bonitas,
llamarte de imprevisto
para escuchar tu voz desprevenida.

He querido contarte cosas
que sabía que te gustarían,
pero he comprendido
que la que no te gustaba lo suficiente
era yo.

He entendido a la fuerza
que todo el mundo tiene tiempo
para lo que le interesa,
y que si no me dedicabas el tuyo
es porque no era una prioridad.

Y tú,
que sabías que me tenías,
jugaste con eso
y ganaste sin esfuerzo.

Porque jugar sin miedo a perder
es victoria asegurada.

Nos parecemos en algo

Mis insaciables ganas
de saber todo de ti.

Tus insaciables ganas
de saber todo lo que yo quiero saber de ti.

La ciudad

Pero siguen los ojos vidriosos
por las calles de Madrid
después de haber sentido tanto
y de no saber
cuándo
volverá a ser
junto a ti.

POR TUNE
M-30
A-5/A-

La magia de lo desconocido

Es bonito
porque no es.

¿Te imaginas cómo sería
si fuera?

Ahí está la magia
de lo desconocido.

De lo que no sabes
si llegarás a conocer.

Solo hay una primera vez para todo

Quiero volver a repetirlo,
pero,
a la vez,
me da un miedo terrible
no sentir lo mismo
y que el último recuerdo
nuble al primero.

No esperaba esto

Ni siquiera me acuerdo
de lo que llevabas puesto ese día.

Tampoco sé
con qué palabras
viniste a hablar conmigo.
No presté atención a lo que decías.

Creo que no te miré a los ojos,
no me percaté de tu voz ronca,
de tu cara de niño,
de lo mucho que recordaría ese guiño.

Y mucho menos
de que me tendrías
escribiendo este texto
mientras espero
que se encienda la pantalla
con un
¿tú también sientes esto?

Miedo a rompernos por no saber qué hacer con tanto

A veces me pregunto
por qué quiero que nos queramos
si después
no vamos a saber
qué hacer con tanto amor.

Ni con el temor
que nos da
romperlo en pedazos.

Si enviáramos ese mensaje

Qué pérdida de tiempo
estar pensándonos a la vez
y no buscarnos ninguno.

Cuántas veces hemos borrado
el mensaje que podría cambiarlo todo
si hubiese sido enviado.

Cuántos besos
se nos quedaron
en la punta de la lengua
presos de un deseo
que nunca mengua.

Qué pasaría
            si dejásemos que pasara.

Lo siento, no siento

Contigo me fuerzo a fluir,
con él me freno para no dejarme llevar.

Contigo me sé las respuestas,
con él se me acumulan las preguntas.

Pero estando contigo
me pregunto
qué estará haciendo él.

Y me acurruco más en ti
porque solo siento frío al recordarle,
y tu calor,
al menos en este ratito,
me hace sentir mejor.

Tu mano

Es curioso cómo,
cuando todo parece desvanecerse,
busco tu mano.

Es curioso
porque nunca
llegaste a dármela
y, aun así,
al imaginármela,
siento calma.

Hacías que todo pareciera más sencillo

Puedes estar
con muchas personas,

reír,
hablar,
cantar,
bailar,
intimar,
llorar...

Pero ser,
eso, amor,
no es fácil.

Quizá por eso me enganché tanto
a quien era yo
cuando estaba contigo.

Porque hacías que todo
pareciera sencillo
aun cuando no lo era.

Y mucho menos
lo eras tú.

Le decía: «Mamá, ¿sabes qué me pasa?
Que me siento tan triste porque he sido tan feliz…».

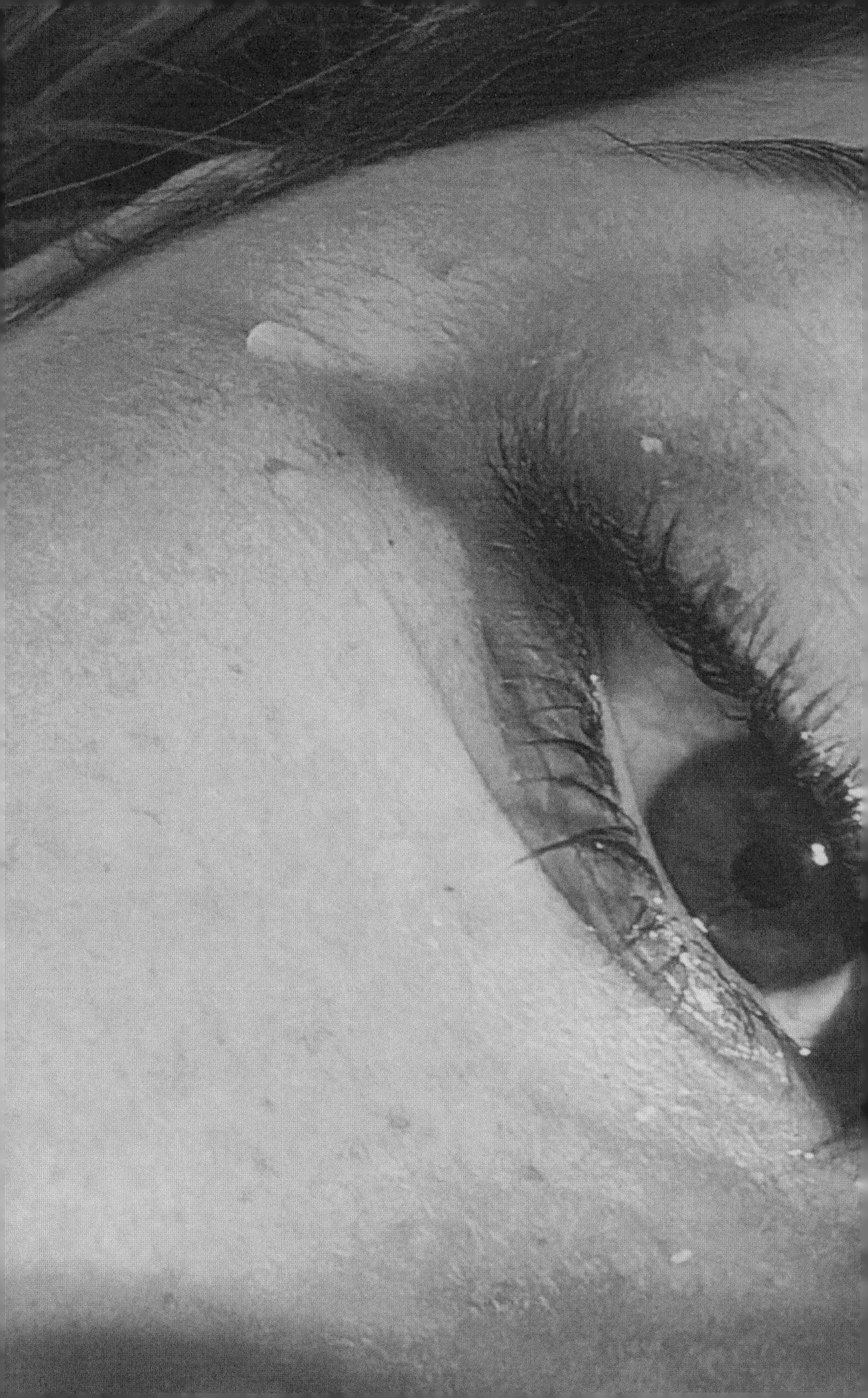

Tu película favorita

Todavía
no he visto
la película
que me dijiste
porque me estoy
guardando
un pedacito de ti
para cuando
te hayas ido del todo.

Buscarnos a la vez

Te encuentro sin querer
en otras manos,
otros ojos,
otra voz.

Y me doy cuenta
de que en realidad
siempre
te estoy
buscando.

¿Te encontraré
buscándonos
a la vez?

Claro que te estoy idealizando,
pero
¿cómo no iba a hacerlo?
Si eres la poesía más bonita
que he escrito jamás.

Después de ti, tú

Qué culpa tengo yo
de que consiguieras
que después de ti
solo hubiese
ganas de volver
a ti.

No le preguntes por mí

No le preguntes por cuánto le quise
y mucho menos por cómo.

No le preguntes por cuánta atención le daba
a cada detalle
que le habitase.

No le preguntes por cómo se me erizaba la piel
cada vez que me rozaba con la suya.
Por cómo me recorrían
las cosquillas
cada vez que nos sosteníamos la mirada.

No le preguntes por cuántas canciones escuché
imaginándome que las cantábamos juntos.
Por cómo me emocionaba
cuando le veía hacer lo que le apasionaba.

No le preguntes cuántas veces
he cerrado los ojos
rodeada de gente
y le he sentido ahí,
conmigo.

No le preguntes por la poesía que le he escrito,
ni por qué es la más bonita que jamás vaya a leer.

Ni por qué nunca le dije esto
porque tampoco te lo sabría responder.

Contigo sí

Pensaba
que el tiempo
pondría distancia
entre tu cuerpo
          y mi cuerpo.

Que la conexión
duraría ese momento.

Que mi piel
olvidaría la tuya
cuando otra
le contase el mismo cuento.

Pero si te digo
que ha habido
un solo día
en el que no haya pensado en ti
                              miento.

Me da miedo admitirlo,
pero contigo sí…
                    Sí que lo siento.

Cobertura

Me pregunto
cuál será la siguiente señal
que me lleve a ti,

o si la habrá,

o si llegaré a ti,
o nunca más,
o todavía...

Eso que me dijiste,
aún sigo escuchándolo.

Las palabras y la herida

Ayer me hice un arañazo.
Me raspé con un metal,
sentí cómo cortaba mi piel.

Miré
y parecía menos de lo que creía,
pero ya me lo suponía.

Me quedé mirando,
esperando,
sintiendo
cómo empezaba a escocer.

Cómo comenzaba a salir el relieve
y los puntos rojos
de la sangre que brotaban desde dentro.

Mi piel,
de repente,
tenía una herida
que al principio
ni siquiera se veía
y que,
probablemente,
dejase una cicatriz
permanente.

Lo mismo pasa
con las palabras
que se dicen
y en el momento
no se entienden.

Pero llega el día
en que cobran sentido
y se quedan
en ti
para
siempre.

Se llama crecer

Cómo los lugares
que ya creías conocer
son tan diferentes
dependiendo del momento de tu vida
en el que los visites.

Lo mismo pasa con todo lo demás.

BY-LAWS
METROPOLITAN BOARD OF WORKS

¿Qué harías?

Y si no te lo pidiera,
¿lo harías?

Y si lo hiciera,
¿dejarías de hacerlo?

La carretera

Tu intermitencia
es la que me mantiene alerta
y no me deja
          adelantarte.

Vas despacio,
casi parado,
y cuando cojo impulso
para pasarte de largo
y (por fin) dejarte atrás,
          aceleras.

Vuelvo a sentir
la adrenalina,
a querer seguirte el ritmo.

Aunque vaya por detrás de ti
no me importa
          porque vamos juntos.

Pero,
de repente,
vuelves a frenar
y los ojos
que me miraban
por el retrovisor,
ahora ignoran los míos,
que los buscan
intentando
entender
          por qué.

Cuando creo que ya está,
que es hora
de (por fin) adelantar,
        tus ojos
        vuelven a mirar,
a acelerar,

        y yo
                me vuelvo a dejar llevar.

Eso que solo nosotros somos

Igual coincidimos
el día que nos sintamos solos
después de estar acompañados
y nos busquemos
en un intento
de volver a sentir
eso que solo
    nosotros
        somos.

¿Por qué tu calor me tiene muerta de frío?

Mi corazón distraído
solo piensa en revivirte
como si no supiera ya
lo que pasa
con las estrellas fugaces.

El vídeo

Como aquel vídeo que grabaste cuando te diste cuenta de que
no querías olvidar nunca ese momento,
que era tan efímero como probablemente nosotros.

Que querías congelar, como fuera, ese sentimiento.

Me miras mientras duermo

Pasa el tiempo
pasa el momento
pasa la vida
y yo me miento
contándome el cuento
antes de dormir
de que tú estás despierto
y no te quieres ir.

De que me miras
mientras duermo
haciendo de ese instante
algo eterno.

Acariciando a ese monstruo enfermo
que solo me grita
que en realidad
quieres
huir.

En lo efímero está lo infinito.

Por eso tú ya nunca vas a irte.

RECONSTRUIRSE

Después de la despedida, de saber sacar lo bueno de la herida, apreciar la nostalgia como algo bonito, llega la reconciliación contigo misma. Entender que no siempre hace falta una última conversación para pasar esa página. Que las personas vienen a tu vida para enseñarte algo en concreto, y que a unos les llevará más tiempo que a otros. Que todo es temporal y solo tú permaneces mientras la vida sigue su curso.

Que, aunque ese capítulo te haya marcado como ninguno, tienes que recordar que la protagonista de la historia eres tú. Que te queda mucho libro por delante, muchos personajes por conocer, que te volverás a enamorar, a decepcionar, a ilusionar, volverás a tener que aprender a soltar (porque creo que a eso nunca se aprende del todo) y que irás entendiendo a medida que lo vayas leyendo, que todo pasa por algo, y que, si no entiendes las razones aún, tú solo sigue leyendo y el tiempo te las dará cuando menos te lo esperes.

Pero también, a veces, párate a leer todo lo que ha pasado hasta ahora y aprécialo. Solo tú has escrito esta historia.

Me enamoré tanto
de la historia
que me olvidé
de que yo era la protagonista.

Tú y yo siempre seremos tú y yo

Me has querido tan bien
que recuerdo tu amor
y me duele de forma bonita.

Lloro,
pero agradezco haberlo vivido.

Te echo de menos,
pero acepto que así estamos mejor.

Te sueño
y me despierto con la sensación
de haberte vivido un poco más.

Dicen que cuando dos personas se separan
con el tiempo
son dos desconocidos con recuerdos en común.

Yo creo que tú y yo
siempre seremos tú y yo.

Nunca podré mirarte y no reconocerte.
Leer la carta de un restaurante
y no saber lo que tú pedirías.
Oler tu perfume por la calle
y no girarme por si tú también has olido el mío.
Saber el consejo que me darías
cuando me agobio en un vaso de agua.
Mirarte a los ojos
y saber cómo estás.

Nunca podré desconocerte.
Nunca podremos olvidar
lo que nos hizo ser nosotros.
Nunca dejaremos de ser,
aunque ya no seamos.

No valoraba lo que tenía
porque, aunque era todo,
no era lo que quería.

La trama

Cuando voy entendiendo
lo difícil que es
empezar una historia contigo
vienes
a recordarme
que ya llevamos varios capítulos
y que son
los más bonitos
que jamás he leído.

Y me quedo leyendo un ratito más
aunque todavía
me cueste leerte del todo.

Por mí

Y entonces llegó el día
en que dejé de esperar
a que hicieras lo que yo haría por ti
y empecé a hacerlo yo
por mí.

Y desde ahí,
todo cambió.

Aunque solo sea ese día

Llega el día en el que vuelves en el Uber con tus amigas
y te ahorras el camino sola de vuelta a casa
con música triste en tus cascos.

Y aunque solo sea ese día,
la vida duele un poquito menos.

Difícil como querer a un poeta

Me haces sentir bien,
pero no revolucionas mis sentidos,
amor,
y esa
es la única gasolina
que necesita un poeta
para deslizarse entre sus letras.

Nunca será demasiado si viene de ti

Sé que no me dices todo
porque todo
sería demasiado
para lo que tú crees
que es mucho.

Cuando para mí
menos
ya es suficiente.

Y nada
nunca
será demasiado
si viene de ti.

Gracias

Lo hice porque me viste capaz de hacerlo
y me encantó verme como lo hiciste tú
desde un primer momento.

Aceptar lo que ahora sí se puede

A veces
simplemente
hay que conformarse
con lo que te hace sentir bien.

Aceptar que hay algo
que te podría hacer sentir mejor,
pero no puede ser.

Porque no es el momento,
o no es la persona,
o no quiere que tú lo seas.

Aceptar que no todo puede ser
y que, si tiene que ser,
lo sabrás.

Si tienes que forzar algo
para que suceda o permanezca,
es que ahora mismo
no encaja contigo.

No puedes frenar un sentimiento

Cuando asoman los sentimientos
escondes la cabeza.

Como si eso fuera a hacer que desaparecieran
como si eso fuera a hacer que
todo
permaneciera
igual.

Pero nada avanza
si no se camina hacia delante.

Aunque exista el riesgo de tropezarte
nunca sabrás si algo es real
si lo único que haces
es frenarte.

De mí, para mí

No quiero tener
que volver
a aprender a vivir sin ti.

Estoy volando sin ti, amor

Pensaba que me caería al vacío
cuando me soltase de tu mano.

Que no podría parar
la gravedad
con mi cuerpo.
Con mi pecho,
vacío ya de ti.

Pero estoy volando sin ti,
amor.

Estoy riendo,
bailando,
llorando,
creciendo.

Me estoy equivocando sin miedo,
sin freno,
conmigo.

Pensaba que después de ti
no quedaría nada de mí.

Y cada vez
soy más yo que nunca.

Dudas bonitas

Fui sin expectativas
y volví llena de dudas.

De las bonitas,
de las que te hacen replantearte
todo eso que tenías tan claro.

Cobró sentido la frase:
«Todo llega
                cuando menos te lo esperas».

Y es que no te esperaba
y cada vez
tengo menos ganas de que te vayas.

Claro que tengo miedo,
pero me apetece tanto
                seguir caminando
                y ver hasta dónde me sigues.

Me regalé las flores que te llevaba a ti

Qué pena
que quiera quererte
de una forma bonita
y tú no me dejes.

Qué pena
que, cuando ya no quiera hacerlo,
querrás que lo haga.

Y yo
habré empezado
a quererme a mí
de esa forma tan bonita
en la que te quería querer a ti.

Menos mal que no te dediqué esa canción

Las letras que pensaba
que algún día te dedicaría
van mucho mejor
con otra melodía
que me hace vibrar más bonito.

Sentir despacio

Soy lenta.

Soy lenta leyendo,
cocinando,
viendo series,
comiendo.

Soy lenta tomando decisiones,
resolviendo problemas,
planificando.

Soy lenta escuchando,
sintiendo,
queriendo,
olvidando,
recordando.

Soy lenta
porque todo
me gusta sentirlo lento,
antes de que pase demasiado rápido
y ya
          sea tarde.

Porque ir despacio
te hace siempre
llegar antes
y disfrutarlo mejor.

Pellizcos al corazón

No vas a entenderme
si te digo
que necesito el dolor
para sobrevivir.

Esa punzada
en el corazón
que me recuerda que sigue vivo,
que late,
que no se ha dormido.

Que echa de menos
y siente las cosas con intensidad.

Que sufre, llora, no duerme,
besa, mira, conoce, aprende.

Cómo te explico
que, para sacar lo que tengo dentro,
necesito sacarlo en lágrimas,
carcajadas,
mensajes inesperados,
mariposas en la tripa.

Para sentirme viva
tengo que huir de donde quieren que me quede
y querer quedarme donde huyen.

Sentir la adrenalina intermitente;
la dopamina en forma de incertidumbre.

Todas las letras que escribo
cuando mi corazón
piensa en voz alta.

Prefiero consolarlo por haber sentido
que hacerlo por no sentir.

Algo que aprendí de ti

A veces
no tienes que entender
el significado de la canción,
simplemente
sentir la música
y dejarte llevar.

Suelto, sano

Un final forzado,
una tirita puesta antes de tiempo
en una herida
que sé que se abrirá
tarde o temprano.

Prefiero ir curándola
mientras, poco a poco,
voy soltando
                    tu mano.

Date tiempo,
pero date cuenta.

La canción soy yo

Pensaba que solo cantaría esa canción
saltando y sintiéndome tan llena
contigo.

Hasta que entendí
que la canción
soy yo.

La venda en los ojos

De las cosas que no te gustan
sueles darte cuenta
cuando ya ha pasado tiempo
y ves con perspectiva
lo poco que veías en realidad.

Infinitas canciones

No me di cuenta
de que igual
cantaba demasiado alto.

Y tú
te asustaste
al ver que la canción
hablaba de ti.

De verme gritarla
con tanta intensidad,
como si no existiese nadie más
que tú en sus letras
y yo en su sinfonía.

Ay, amor…
si supieras
la de canciones
que me han dejado afónica
y sigo cantándolas
mientras me hagan vibrar
y sentirme viva.

Hasta quedarme sin voz.

No es personal.
No eres mi canción favorita,
ni siquiera me sé muchas de las estrofas.

Igual de fácil le doy al play
que a siguiente.

De hecho,
suena de fondo una melodía
que me está llamando la atención
y ni siquiera me ha dado tiempo
a aprenderte a ti de memoria.

Lo que sentí al mirarte por primera vez

Me sostienes la mirada
y sé que también sientes
las mismas cosquillas
que cuando te tiras al vacío
sin saber cuándo vas a terminar de caer.

¿Será que ambos estamos vacíos
y al mirarnos encontramos
lo que no sabíamos que buscábamos?

Solo hay una primera vez

Nunca vuelvas a un lugar
a una persona
o a una experiencia
buscando sentir lo mismo
que la primera vez.

Aprende a valorar
esas primeras veces
cuando estés viviéndolas.

Es la última vez
que podrás sentirlas de ese modo.

Sin prisa

También es bonito
cuando viene alguien
a recordarte
que no todo tiene que
ir
tan
rápido.

Mi casa siempre fui yo

Cerré con llave
aun sabiendo
que la puerta
llevaba tiempo abierta
y ni siquiera te habías pasado a saludar.

Pero necesitaba cerrar
para dejar de salir yo
en tu búsqueda
cada vez
que necesitaba sentirme en casa
                                        en mi propia casa.

He vuelto
y me has recordado
por qué me fui aquella vez.

Prometo no volver a olvidarme.

Fui sin saber a dónde iba

Fui
sin frenos
y sin salvavidas.

Fui,
aceleré
sin saber si me estrellaría
o vería
las estrellas.

Fui
solo con tu voz guiándome
sin saber
siquiera
a dónde iba,
a dónde íbamos.

Pero fui
y llegué
y me quise quedar
y sigo aquí.

Por fin,
          queriendo estar.

Si no, ¿para qué?

Si empiezo algo
es para darlo todo
y no dejarme nada dentro
queriendo salir.

Si no,
¿para qué?

Pusiste mi canción favorita
mientras me dabas ese beso
que sabía a «quiero sonar aquí
donde lates».

Soy el pedestal

Me costó mucho
quitarte del lugar donde te había puesto
para ponerme yo,

pero ahora de aquí
nadie me mueve.

Andamios

Están quienes se desvían en la calle por no pasar por debajo de un andamio y quienes siguen su camino a pesar de las posibles consecuencias.

Yo, con todo,
y contigo,
soy de lo segundo.

Lo sabes cuando llega

Los sentimientos
llegan,
no se fuerzan.

La conexión
se respira,
no se intenta.

La piel
se eriza,
no se estira.

El corazón
siente sin razón,
sin necesitar explicación.

La vida te cuenta
tarde o temprano
si es tarde,
temprano
o el momento.

c'est la vie

Me gusta cómo nos sentimos.

Disfruta la canción mientras suena

La vida pasa
como la música en los AirPods;
de fondo.

Hasta que llega esa canción
que te hace poner todos tus sentidos
en cada una de sus palabras.

El problema es que
todas las canciones
acaban terminando.

Puedes ponerla en bucle,
pero eso solo le quitará su esencia.

Mejor cierra los ojos
y disfrútala mientras esté sonando.

Qué bien sentir

Soy impulsiva,
impaciente,
indecisa,
caprichosa.

Vivo todo con intensidad
y me encanta sentir
hasta que no quede
ni un ápice
de intento
en mi piel.

Pero justamente eso
fue lo que me llevó a ti,

y qué bien
que lo hice así.

No fuerces conexiones
que sabes que, a la larga,
te acabarán desconectando de ti,
otra vez.

El impulso que te hace avanzar

No podrás aprender
si no te dejas llevar.

No pasa nada por equivocarse,
las barreras solo te impiden avanzar,
te frenan el camino.

Los errores te harán tropezar,
pero ese impulso
siempre te lleva hacia delante.

Las turbulencias

Estoy volando en un avión. Hay muchísimas nubes, niebla, viento y lluvia. Las turbulencias son horribles. Me consuela pensar que llegaremos a traspasar el manto denso y ver el cielo azul.

Pero llevamos ya la mitad de camino y todavía no he visto otro color que no sea blanco. Y me hace reflexionar.

Hay veces que no se puede,
que no se llega arriba,
que lo intentas, casi llegas,
pero te quedas soportando las turbulencias
hasta que baja la intensidad
sin depender de ti.

Solo tienes que dejarte llevar,
esperar a que pase,
abrazar tu miedo y entenderlo.
Mirar por la ventanilla y ser paciente.

Llegarás al destino.
No te preocupes por eso.

AGRADECIMIENTOS

a veces veo...

A veces veo un detalle
y me acuerdo de mi madre.

De ella he aprendido todo
pero destacaría esto:
«Cuando creas que no puedes más,
te aseguro que puedes.
Cuando creas que estás sola,
siempre vas a tenerte a ti.
Cuando vengan problemas,
busca soluciones».
Nunca me lo dijo,
lo observé en ella a lo largo de mi vida.

A veces veo un cuadro
y me acuerdo de mi abuelo.

De él he aprendido
la delicadeza del arte;
todo lo que puede llegar a ser
solo porque tú quieres que lo sea.
La importancia de la libertad,
de la paz mental,
de encontrar tu sitio.

A veces veo una rosa
y me acuerdo de mi abuela.

De ella he aprendido
que cuando nadie cree en ti
es cuando más tienes que hacerlo tú.
Que nunca es tarde para aprender
y que siempre hay tiempo para mejorar.

Que las personas más sensibles
somos las que queremos más bonito.

A veces veo una niña
y me acuerdo de mi hermana.

De ella he aprendido
la importancia del amor propio
y de la superación personal.
Lo poco que importa
lo que el resto opine.
Que la vida es más bonita
cuando te ríes de los problemas
y que si lloras tampoco pasa nada.

A veces veo un perro
y me acuerdo de Carlota.

De ella he aprendido
el amor incondicional
sin pedirle nada a cambio;
la lealtad pura y sincera.
Que si tienes la cara empapada de lágrimas
un buen lametazo siempre te las va a quitar.

A veces miro a la luna
y me acuerdo de mí.

Y me paro a pensar
en todo lo que he aprendido
y me siento muy orgullosa.

Y me paro a pensar
en todo lo que aún me queda por aprender
y me siento expectante.
Y me paro a pensar
en todo lo que he conseguido
y me siento contenta.
Y me paro a pensar
en todo lo que quisiera conseguir
y me siento insaciable.
Y agradezco ser quien soy,
y agradezco a quien me acompaña,
y agradezco poder estar escribiendo esto
y que tú lo estés leyendo.
Gracias.